# DINERO EN ESPAÑOL

**Índice**
**DINERO FORMULA**
**CARTAS DE VENTAS**
**GANA DINERO**
**MIS GUIAS**
**TRADUCIENDO**

# DINERO FORMULA .com
### UNA NUEVA FORMA DE GANAR DINERO

**AHORA DISPONIBLE EN TODO EL MUNDO**

## Te Muestro Cómo Gano ¡$3,577 USD Al Mes!

- ✓ Desde casa
- ✓ Ninguna experiencia necesaria
- ✓ Trabaja las horas que quieras
- ✓ Todo por Internet
- ✓ Excelentes ingresos
- ✓ Funciona los 365 días del año

### Empieza ¡AHORA Y Sin Riesgos!

**GARANTÍA 100% REEMBOLSO**

- ✓ ¡Acceso Inmediato!
- ✓ Últimas Actualizaciones
- ✓ 100% Satisfacción Garantizada
- ✓ Garantía Reembolso 60 Días

**¡Obtén Tu Acceso A Dinero Formula**  ➡  **¡EMPEZAR!**

APÚRATE! ¡Las plazas están limitadas!

SOLO $47 USD
🔒 Secure and Safe Transactions

También visto en

---

## ¡SISTEMA PROBADO AL 100% PARA GANAR DINERO DESDE

### Fácil y Para Todos: No Necesitas Ningún Requisito

Dinero Formula es el único sistema en el mundo abierto a todos. ¡Nunca ha sido tan fácil ganar dinero!

Dinero Formula es un sistema probado para ganar dinero desde casa. Hombre o mujer, con o sin diplomas, jóven o no, Dinero Formula funciona para todos con resultados garantizados.

¿Tienes tiempo libre? ¿Quieres cambiar de vida, ser dueño de tu tiempo, conciliar tu vida familiar? Dinero Formula está hecho para ti. 100% del dinero que ganes será para ti y nadie más. No lo dudes, es hora que hagas un cambio en tu vida. Con Dinero Formula, te vamos a llevar de la mano, paso a paso para que tú consigas tus objetivos.

Dinero Formula ha sido desarrollado para que tú puedas ganar dinero en tu tiempo libre desde tu

### ¿Cómo Funciona Dinero Formula?

**Paso 1:** Dinero Formula no puede ser más fácil de utilizar. Hemos creado para ti numerosos sistemas para ganar dinero desde casa. Elige el que más te guste, el que más se ajuste a tu perfil. Todos nuestros sistemas son fáciles y permiten ganar dinero de verdad.

**Paso 2:** Sigue nuestras instrucciones paso a paso. No hay margen de error. Lo hemos hecho todo por ti, no necesitas pensar. Sólo seguir cada una de nuestras indicaciones y empezar a ganar dinero cómodamente desde tu casa. ¿Quieres ganar aún más dinero? Tu acceso ilimitado te permitirá probar otros de nuestros fabulosos sistemas incluídos en Dinero Formula.

## UN ÉXITO MUNDIAL

Dinero Formula es un sistema que te da acceso a **miles de actividades pagadas desde casa**. Desde su lanzamiento, Dinero Formula ha ayudado a miles de personas a través del mundo a cambiar su vida. Todos nuestros usuarios coinciden en señalar que es **una forma fácil y segura de ganar dinero desde casa**. Dinero Formula funciona con los mismos resultados cualquiera sea tu país. ¡No dejes pasar esta oportunidad de cambiar de vida para siempre! Te mostramos exactamente cuál es el método para **MULTIPLICAR tus ingresos.** Sí, a partir de ahora, ganarás más de lo que jamás has imaginado.

## COMO NUESTROS USUARIOS ¡EMPIEZA A GANAR DINERO

### Susana (MEX)
**Ganancias: 3,340 USD al mes**

"Mis primeras ganancias fueron a cabo de 5 días de 775 USD, algo impensable para mí antes. No tengo ningún diploma y esto me cambió la vida para siempre. Hoy mis ingresos son de ¡3340 USD al mes!"

### Adriana (ARG)
**Ganancias: 3,565 USD al mes**

"Madre soltera con 3 hijos por cuidar, necesitaba reorganizar mi vida. Hoy trabajo cómodamente desde mi casa y soy dueña de mi tiempo. Hoy gano 3565 USD cada mes."

### Gustavo (COL)
**Ganancias: 4,775 USD al mes**

"Descubrí Dinero Formula en el 2010 después de haber perdido mi empleo. Hoy gano 4775 USD al mes, 3 veces más que antes. Llevo a mi familia de vacaciones cada 6 meses."

¡Cambia Tu Vida!
¡Descubre Nuevas Formas

## ¿QUÉ MÉTODOS INCLUYE DINERO FORMULA?

Dinero Fórmula incluye una serie de métodos con **resultados 100% comprobados** para que tú puedas ganar dinero desde tu casa. **Todos nuestros métodos se adaptan a tu perfil**. Desde **Dinero Con Encuestas**, una forma fácil e intuitiva de ganar dinero hasta **Dinero Con Tu Pasión**, un sistema más completo que te permitirá ganar sumas de dinero realmente importantes, pasando por **Dinero Con Artículos**, una manera fácil y divertida para ganar dinero desde tu casa. Estos son apenas algunos ejemplos de métodos de ganar dinero. Dentro de Dinero Fórmula, podrás descubrir ¡muchos más! Actualizamos las formas de ganar dinero de manera constante y en cada nueva edición, ¡descubrirás nuevas formas de ganar dinero!

✓ **DINERO CON ENCUESTAS**
Gana Dinero Facilmente
¡Rellenando Encuestas!

✓ **DINERO CON TU PASIÓN**
Gana Dinero
¡Con Lo Que Más Te Gusta!

✓ **DINERO CON ARTÍCULOS**
Escribe Lo Que Sea Y
¡Gana Dinero!

✓ **¡Y MUCHO MÁS!**
Mejora Tus Ganancias
¡Descubriendo Nuevos Métodos!

**¡EMPEZAR!**

## GARANTÍA REEMBOLSO 100%

Al adquirir DineroFormula, beneficiarás automáticamente de nuestra **Garantía Reembolso 100%**. Dentro de los 60 días después de la compra, si no quedas satisfecho de los resultados de Dinero Formula, simplemente envíanos un email y te devolveremos el 100% del precio que hayas pagado. Estamos tan seguros de la calidad de Dinero Formula así como de sus resultados que asumimos este riesgo por ti.

Todos Los Derechos Reservados Copyright © 2013 DineroFormula.com Prohibida la reproducción/copia total o parcial de la información incluida en el dominio DineroFormula.com. Tomaremos acciones legales en contra de quien copie o distribuya contenidos de nuestro sitio Web. Las ganancias que aquí se muestran pueden variar en todos los casos. La información

¿No Sabes Escribir Cartas de Venta Persuasivas Para Tu Autoresponder? Deja De Perder Dinero Por No Enviarle Cartas De Ventas Vendedoras A Tus Prospectos!

## Ahora Tú También Puedes Poner Tu Negocio En Piloto Automático Y Hacer **TONELADAS** De **Dinero** Con Tu Propia Secuencia De Cartas De Venta De AutoResponder Yá Lista! ...

## ...En Tan Solo 9 Minutos O Menos!
## Con El Sistema TESTEADO, PROBADO, Y VERIFICADO
## Que Usan Todos Los Gurús Del Email Marketing!...

**S**i has dedicado todo tu esfuerzo en tu negocio por unos cuantos meses, pero no estás ganando el dinero que te mereces; o todavía no consigues los recursoso necesarios para renunciar definitivamente a ese trabajo que tanto odias, hoy estoy aquí para mostrarte algo que necesitas con urgencia para alcanzar tu éxito con el marketing por Internet, ¡y disfrutar a pleno la vida que realmente mereces!

Lo que estoy a punto de contarte te dará los elementos esenciales para triunfar con tu negocio online... Y todo comienza con algo que ya vienes escuchando desde hace años: ¡armar una lista de suscriptores!

### ¿Por Qué Debes Construir Una Lista?

Si estuviera aquí para revelarte el secreto del marketing por Internet, y solo pudiera decirte una sola clave, ni siquiera tendría que pensarlo. Mi único consejo sería: ¡Construye Una Lista! ¿Por qué? La razón es muy simple. Es mucho más difícil conseguir un cliente nuevo, que venderle a alguien que ya te ha comprado anteriormente. ¡Es un hecho!

**La clave está en el control.** Cuando ya tienes una lista armada, puedes enviar tráfico a voluntad hacia cualquier sitio que tú decidas, que esté relacionado con lo que tus suscriptores quieren. Y con eso, ya puedes escribir tu propio cheque de pago, definitivamente. Cada vez que quieres tráfico, ahí lo tienes a tu disposición sin tener que pagar por él, sin tener que escribir artículos aburridos ni interminables publicaciones en foros.

**Cuando armas tu lista, estás creando un activo muy valioso.** Estás invirtiendo en tu futuro. Es hora de dejar de pensar a corto plazo y permitir que el marketing por internet te dé sus beneficios por un largo tiempo.

### ¡Necesitas Mantenerte En Contacto Con Tu Lista!

¿Que pasaría si tu novia o tu novio no te llamara ni te escribiera por varias semanas? ¿Simplemente asumirías que la relación se terminó? ¿Estarías enojado? ¿Cuánto tardarías en levantar el teléfono cuando te llame de nuevo? Pues bien, aquí está el verdadero asunto. Lo mismo pasa con tus suscriptores: ¡tú tienes una relación con ellos, y necesitas demostrarles amor!

**Debes mantenerte en contacto con ellos, y fortalecer la relación para conseguir ventas.** Tu relación con ellos, y la calidad de este vínculo es el arma más importante que tienes. Sin esta relación, sólo vas a ser otro mensaje que se pierde en sus bandejas de entrada, esperando para ser eliminado.

Internet es una enorme fuente de distracciones, así que necesitas mantener tu presencia ante los ojos de tus suscriptores, y estar siempre frente a ellos. Cuando te las ingenias para mantenerte siempre delante de ellos y mantener una relación constante, el dinero entrando a tu cuenta será el futuro inmediato.

### ¿Por Qué Los AutoRespondedores Y Cartas De Venta Son UNA OBLIGACIÓN Para Tu Negocio?

Seguramente ya escuchaste hablar miles de veces sobre los autorespondedores, y es probable que te preguntes por qué son tan importantes y por qué los necesitas. Bien, la respuesta es muy simple. **Un autoresponder es la mejor herramienta para automatizar esa importante relación con tus suscriptores**, y ellos atraerán las ventas hacia ti mientras tú te dedicas a conseguir nuevos suscriptores para tu lista.

Cuando tienes un autorespondedor cargado con mensajes que se enviarán a tus suscriptores en las próximas semanas, meses o incluso el año completo, puedes relajarte con la tranquilidad de saber que estarás manteniendo el contacto con tus clientes de forma continua, mientras encuentras gente nueva para tu lista.
**El autoresponder es la pieza más importante de todo el equipo que tienes en este negocio**, porque te permite CRECER y GANAR MÁS DINERO mientras tú nutres y desarrollas tu mejor activo en línea, *por ejemplo... ¡tu lista!*

Entonces, se deduce que para alcanzar el éxito, necesitas **a) un medio para construir tu lista**, y **b) mensajes de email bien pensados y cuidadosamente preparados**, que reforzarán el vínculo que tienes con tus suscriptores y te traerán dinero efectivo a tu bolsillo.

Así que he preparado algo para ti, que no solo te ayudará a ahorrar tiempo, sino que también te evitará la vergüenza de enviar mensajes de novato!

**Te Presento...**

## Mega Cartas De Venta! Tu Sistema Completo De AutoRespondedor, "Todo En Uno"!

## - 100% Automatizado Y Amigable Para Principiantes!

Mega Cartas De Venta te permite mantener el contacto con tus suscriptores y construir listas efectivas al mismo tiempo, con una página de captura personalizada y un conjunto de mensajes de autoresponder poderosos y con una altísima tasa de conversión, ¡para promocionar productos de marketing por Internet de la más alta calidad!

### Mega Cartas De Venta Es Tu Sistema De AutoRespondedor Y Página De Captura Más Completo!

- ✓ **NO necesitas** pensar y escribir emails creativos
- ✓ **NO necesitas** decidir qué tipo de email enviar
- ✓ **NO necesitas** adivinar qué producto es el que más vende
- ✓ **NO necesitas** adivinar cada cuánto tienes que mandar los email
- ✓ **NO necesitas** estrujar tu cerebro para escribir títulos creativos para atraer los clics
- ✓ **NO necesitas** trabajar con contenido de preventa
- ✓ y **NO necesitas** actualizar ningún enlace!

¿Y qué es lo que vas a enviar? ¿Qué tienen estos emails que te harán ganar dinero?... Tengo una idea: ¿Por qué no miras por ti mismo lo que vas a enviar a tus suscriptores?

### Emails De Muestra Para Que Veas Exactamente Lo Que Tus Suscriptores Van A Ver!...

ASUNTO: *1* Cosa Que Todos Los Marketers EXITOSOS Tienen En Común...

Hola {!firstname_fix},

Además de una enorme lista de suscriptores,
¿cuál es el principal elemento que todos los marketers
más exitosos tienen en común?...

...Sus productos!

¡Así es! Cada marketer tiene su propio producto y
su propio nicho al cual promocionar su producto.

Y no solo eso. También tienen su propio programa de afiliados
para que otras personas promocionen su producto a voluntad,
¡y ganen una comisión muy tentadora!

Crear tus propios productos no tiene por qué ser algo difícil,
ni tampoco tienes que comenzar desde cero.

Y eso es lo que estás a punto de descubrir...

¡Aquí tienes mis 6 claves para crear un producto exitoso!

1. Apunta a un mercado hambriento.

Tienes que apuntar a *COMPRADORES* desesperados y no
a los cazadores de regalos y productos gratuitos!
Si quieres que tus productos se vendan, entonces muéstralos
frente a las personas que están dispuestas a gastar su dinero,
apuntando a sus necesidades y sus problemas!

2. Conéctate con tu mercado objetivo.

Antes de desarrollar tus productos, habla primero con tu
mercado objetivo. Visita foros relacionados y pregúntales
qué es lo que están buscando, qué problemas están enfrentando,
busca historias sobre sus problemas y úsalas como puntos sensibles
en tu carta de ventas.

3. Analiza a tus competidores.

¿Qué tipo de productos ofrecen ellos a sus clientes?
¿Cuáles son sus fortalezas y debilidades?
¿Cómo promocionan sus productos? ¿Qué es lo que hacen,
cómo es su página de ventas? ¿Cómo puedes superarlos?

4. Analiza tus propios recursos.

Necesitas asegurarte de que tienes todo lo que se necesita
para crear tus productos. ¿Vas a hacerlo solo? ¿Vas a
empezar de cero, vas a usar PLR, puedes pagarle a alguien?
¿Por cuánto tiempo? ¡Define un plan completo antes de empezar,
para evitar decepciones!

5. Pon el precio correcto.

No cobres poco, pero tampoco seas excesivo.
Asegúrate de cubrir el valor de tu tiempo y tus gastos fijos,
tratando de mejorar el precio de la competencia.
Si tratas de subir el precio, también tienes que ser capaz de
agregarle más valor a tu producto, por ejemplo con
los regalos y los bonos.

6. ¡Promociona!

¡No vas a hacer ni una sola venta si nadie sabe que tu
producto existe! Debes implementar distintos métodos
para atraer tráfico a tu sitio. Deberías promocionarlo con
artículos, marcadores sociales, directorios, notas de prensa,
videos, blogs, pings, con programas de afiliados... ¡Todo!

Esto va a asegurarte el éxito de tu producto, y un tráfico
continuo durante años.

Entonces... aquí lo tienes, 6 reglas para que apliques
al crear tu propio producto...

*Apunta a tu nicho
*Conéctate con tus prospectos
*Estudia a tus competidores
*Usa lo que ya está disponible
*Ten una estrategia de precios adecuada
*¡Promociona, promociona, promociona!

¡Ahora ya sabes más de lo que el 95% de otros
marketers conocen!

Si quieres un ingreso estable y duradero, DEBES crear tu
propio producto. El truco está en ser capaz de crear muchos
productos de buena calidad que puedas mantener funcionando
de forma permanente para ganar más y más dinero en línea.

Si bien la creación de este producto es un tema para
un artículo completo, existe un curso que puedes hacer desde
tu hogar, y que comprende toda la información que necesitas.
Este curso, cuenta con muy buenas referencias de otros
marketers principiantes que pudieron salir adelante.

Se llama "The 1 Day Product Creator", y es un curso completo
y paso a paso que puedes estudiar en tu casa, y que te mostrará
cómo crear tu propio producto desde cero en tan sólo un día.

Una vez que hayas practicado esta habilidad, vas a poder
crear un sitio tras otro y generar múltiples fuentes de dinero
para ti.

¡Es tan sólo UNA habilidad que no puedes subestimar!

Mira cómo funciona aquí:
**AQUÍ IRÁ TU ENLACE DE AFILIADO DE CLICKBANK**

## Aquí Tienes Otra Muestra...

**ASUNTO:** Tu Carta De Ventas Puede Impulsar O Arruinar Tu Producto Nuevo

Hoy quiero hablarte de algo que siempre es subestimado por muchos marketers cuando están creando su producto.

Como seguramente sabes, tener tu propio sitio web implica mucho más que un encabezado y pie de página novedoso: La gran clave está en el contenido.

Seguramente ya has hecho tu investigación del nicho y te aseguraste de que hay un mercado para tu producto, y que hay gente dispuesta a gastar dinero en el área que vas a ingresar.

Quizá estás allí, sentado con una gran idea que brilla en tu mente, y tal vez incluso creaste una lista de posibles compradores, o tienes personas a quienes puedes venderles esto a través de la lista de otro colega.

Si algo de lo que mencioné te suena familiar entonces ¡te felicito! Estás en el camino hacia un lanzamiento exitoso. Pero hay una cosa que tienes que revisar bien antes de sentarte a ver cómo entra el dinero a tu bolsillo. Es algo que muchas veces es subestimado.

Estoy hablando de la carta de venta. Si esta pieza clave es mala, vas a dejar todo tu dinero y tu esfuerzo sobre la mesa. La carta de ventas es tu enlace hacia el cliente y tu oportunidad de convencerlo de que tienes lo que él necesita. Si este eslabón de la cadena es débil, tu cliente se perderá. Debes tener la mejor carta de ventas si quieres ver beneficios REALES.

El problema es que escribir una carta de ventas vendedora puede tomar tiempo y práctica. Por supuesto, podrías tercerizar este trabajo, pero esto podría costarte más de $500 antes de que hayas hecho una sola venta.

Afortunadamente hay algo que puedes usar para producir cartas con una tasa de conversión elevada sin tener que contratar a un redactor o tener que librarlo todo a tu suerte si decides escribir tu propia carta.

Con la fábrica de cartas de venta "Sales Letters Factory", vas a producir algunas de las mejores cartas de venta del negocio. Y sólo tendrás que apretar algunos botones y copiar y pegar algunos textos.

Mira esta video demostración para que veas cómo funciona:

**AQUÍ IRÁ TU ENLACE DE AFILIADO DE CLICKBANK**

## Aquí Tienes Una Más...

**ASUNTO:** RE: Generador Instantáneo De Sitios

Hola {!firstname_fix},

Si leíste mi mensaje de ayer, sabrás que ahora puedes usar una simple herramienta que te permite entrar en el juego del marketing de afiliados muy rápido. Y quiero decir realmente rápido.

Es un pequeño programa en línea llamado "Instant Site Uploader" y tiene TODO incluido para ayudarte a hacer dinero en línea.

Ya recibí algunos emails acerca de esto, porque este programita causó bastante revuelo, pero déjame tratar de responder algunas de tus preguntas...

P. ¿Los sitios se pueden descargar y tengo que encargarme del alojamiento?

R. Sí, puedes descargar los sitios. Primero debes subirlos a tu servidor y después puedes descargarlos a tu computadora. El sistema funciona básicamente en línea, para mantener todo liviano y portable; así que si decides trabajar en otro lado puedes ingresar al sistema y continuar de forma normal. No tienes que instalar ningún programa adicional en tu computadora.

P. ¿Cuánto tiempo real me tomará tener un sitio funcionando?

R. Yo mismo he probado el sistema, y una vez que tienes
tu servidor listo y los detalles del FTP, podrás tener un
sitio completamente nuevo, publicado y funcionando
en menos de 5 minutos. Esto es mucho más rápido
y eficiente que hacerlo manualmente.

P. ¿Qué tipo de sitios recibo?

R. Tendrás una gran variedad de sitios web
para elegir, y cada semana se agregan más y más.
Esto también incluye sitios CPA, sitios multiproducto,
sitios de productos digitales y páginas de captura.
Yo mismo he visto estas plantillas y son de excelente calidad.
Tan sólo crear uno de estos sitios me tomaría días,
pero estas personas los generan realmente RÁPIDO
para ayudarnos!

P. Los sitios ¿incluyen los detalles legales para las
regulaciones FTC?

R. ¡Sí! Cada sitio viene con todas las páginas que necesitas,
incluyendo las políticas de privacidad y declaraciones oficiales
que dicen que eres un afiliado promocionando un producto.
Así, no tendrás ningún problema con los muchachos
del FTC.

P. ¿Podré hacerlo?... No soy muy bueno con las computadoras...

R. No necesitas ser un genio técnico para usar esto...
En realidad, puedes ser completamente nulo con lo
técnico, porque todo lo que tienes que hacer es ingresar
al sistema y seguir al asistente paso a paso. Este incluso
pondrá los archivos de tu sitio en tu servidor por ti, así que
no tendrás que saber nada de FTP.

P. ¿Puedo usar estos sitios para construir mi propia lista?

R. Sí, por supuesto. Hay algunas plantillas muy lindas
especialmente diseñadas para la construcción de
listas, y tú podrás integrar el código de tu formulario
de captura en ellas.

Si tienes más preguntas, sólo tienes que comunicarte
con el equipo de Instant Site Uploader. Ellos responderán
todas tus dudas, ¡y los cupos de membresía se están
completando realmente rápido!

Aquí tienes el enlace oficial:
**AQUÍ IRÁ TU ENLACE DE AFILIADO DE CLICKBANK**

Imagina que puedes crear un buen sitio
para algunos excelentes productos de afiliados
en el nicho al que quieres apuntar...

Imagina que puedes hacerlo sin tener que dejarle una
pierna o un brazo para pagar a los diseñadores, artistas gráficos
redactores y técnicos para que te instalen las cosas.

Imagina que puedes ir de la idea a un sitio completo
en unos 15 a 30 minutos.

Eso es lo que Instant Site Uploader te permite hacer.
Yo creo que se puede afirmar con certeza que
esto va a revolucionar el marketing por Internet, de
pies a cabeza.

Si te has devanado el cerebro para resolver
los detalles técnicos que interfieren en el camino de
los que recién comienzan, esto es EXACTAMENTE
lo que necesitas.

Aquí tienes el enlace oficial:
**AQUÍ IRÁ TU ENLACE DE AFILIADO DE CLICKBANK**

## Recibirás Un Mínimo De 35 Emails Para Seducir A Los Suscriptores, Generar Confianza, Afianzar La Relación, Prevender Un Producto, Y Ganar Dinero A Borbotones, Justo Como Estos Emails...

### ...Y No Tendrás Que Escribir O Editar Ni Uno Solo De Ellos!

**¿Por qué hacer todo el trabajo duro tú solo?** ¿Por que perder tiempo entrenándote para escribir emails? ¿Por qué pasar horas buscando productos para promocionar? Esto consume tu tiempo, es aburrido, ¡y no te garantiza que funcionará!

¿Por qué no hacer una pequeña trampita y dejar que nosotros hagamos el trabajo por ti? ¡Ahórrales a tus dedos las horas de tipeo, ahórrales a tus ojos el enrojecimiento de pasar horas frente a la pantalla, ahórrate a ti mismo tu PRECIOSO tiempo y usa nuestros Mega Cartas de Venta!

## ¡BONO IMBATIBLE! Incluso Agregaremos Más Valor A Tu Campaña Para Que Tu Futuro Esté Asegurado!

**Y para coronarlo, vamos a agregar más emails a tu campaña de autorespondedor.** A medida que crecemos y nos desarrollamos con productos nuevos, más emails y mejores servicios de calidad, ¡tú también lo harás! Te mantendremos actualizado con las últimas revisiones de nuestras campañas, tú solamente tienes que recargar el código de tu campaña ¡y listo!

¡Te quitas el peso del trabajo más duro! ¡Estás asegurado a prueba de balas! ¿Suena bien o qué?

## 'Debo Usar Los Emails Que Me Dan?... ¿Por Qué No Puedo Escribir Mis Propios Mails?'

Uno de los mayores problemas que enfrentan los marketers en línea es encontrar los productos correctos para promocionar. Si fallas en esta parte, vas a revisar la basura buscando un dólar, mientras todo tu trabajo se va por el drenaje.

Una vez que tienes a ese suscriptor en tu lista, lo que le dices es de una importancia vital para hacerlo tomar la acción que deseas.

Por supuesto, puedes hacerlo solo y avanzar con el método de prueba y error, pero ¿por qué no aprovechar mis años de experiencia en marketing y en el desarrollo de relaciones humanas en línea? ¿Por qué preocuparte en reinventar la rueda?

Si quieres comenzar a ganar dinero *rápidamente* debes seguir un sistema probado que funcione y usar las palabras que van a hacer dinero automáticamente para ti! Esas palabras están presentes en los mensajes del autorespondedor precargados en Mega Money Emails.

## 3 GRANDES Razones De Por Qué Mega Money Emails Va A Incrementar Tus Ingresos...

✅ **1) Con Mega Cartas De Venta tendrás tu propia campaña de emails, completamente configurada y lista para salir.** Estos mails están allí para fortalecer tu relación con los clientes y hacer que compren a través de tus enlaces. Los mails están diseñados de forma tal de generar esa confianza que necesitas para cerrar la venta. Lo bueno es que no tienes que poner el tiempo, el esfuerzo ni la investigación para que estos mensajes sean efectivos. No necesitas hacer pruebas con distintas campañas y mensajes: Ya está todo hecho. Tú sólo tienes que copiar y pegar.

✅ **2) Con Mega Cartas De Venta recibirás 35 emails de poderoso contenido enviado periódicamente que te mantendrá comunicado con tus suscriptores en modo automático mientras tú duermes.** Mientras tú te encargas de atraer más suscriptores dentro de tu embudo de ventas, Mega Money Emails se encargará de fortalecer esa relación con los suscriptores nuevos, para asegurar que genero dinero para ti. ¡También recibirás nuevos códigos de campaña, más autorespondedores y actualizaciones de por vida! A medida que nosotros crecemos, tú también lo harás.

✅ **3) Con Mega Cartas De Venta te ahorrarás uno de los recursos más valiosos que tienes: tu TIEMPO y tu ESFUERZO.** Puedes olvidarte entonces de tus trabajos de predicción y de las horas perdidas en la creación de mensajes efectivos. En cambio, podrás hacer algo que realmente te guste, como pasar más tiempo en familia o con tus amigos, o pensando nuevas formas de expandir tu negocio. Si puedes seguir algunas instrucciones simples, y si tienes 10 minutos libres entonces podrás trabajar con este sistema.

## 'Se Ve Bien, Pero ¿Cómo Consigo Suscriptores?'

¡**E**xcelente pregunta! A esta altura te debes estar preguntando cómo vas a conseguir que las personas se registren en tu lista, y la respuesta es simple.

Con Mega Cartas De Venta recibirás una página de captura predefinida para que esos clientes se suscriban a tu lista y se unan al poderoso embudo de ventas que he creado para ti.

Una vez más, NO tienes que perder tu tiempo haciendo pruebas o experimentando con distintas páginas de captura. Ya hemos hecho esto por ti. ¡Lo único que tienes que hacer es atraer el tráfico hacia los sitios ya diseñados!

**Tus páginas de captura han sido diseñadas para identificar a tus clientes con tu ID de ClickBank.** Una vez que tu suscriptor ha sido marcado, cada email que se le envía ¡tendrá grabado tu enlace de afiliado!

**Y con cada producto podrás ganar una comisión del 50% al 75%, que varía desde $10 hasta $97, incluyendo ofertas especiales de actualización, down-sells y up-sells!**

Con algunos productos también podrás ganar ¡una *comisión recurrente*! Con nuestros emails vas a llegar a un amplio rango de suscriptores, desde los grandes compradores hasta los más ahorrativos. Ya **hemos pensado todas esas cosas, así que tú no tendrás que hacerlo.**

Y con el autoresponder trabajando todo el día para ti, apenas tendrás que levantar un solo dedo, ¡pues tendrás las comisiones entrando en piloto automático desde ClickBank!

## ¡Todo Listo En Apenas 3 SIMPLES PASOS!

 **Paso #1: Configura tu cuenta de autorespondedor**

Te mostraremos cómo crear tu nueva lista del autoresponder, y cargarlo con nuestros poderosos emails. ¡Esto toma menos de 5 minutos!

 **Paso #2: Configura tu página de aterrizaje**

¡Te mostraremos cómo usar nuestra página de captura prediseñada para absorber nuevos suscriptores! Sólo tienes que modificar un archivo con un editor de texto, poniendo tus datos básicos como tu nombre, tu email, tu dirección de PayPal y tu ID de ClickBank. ¡Incluso te mostramos dónde tienes que escribirlo! ¡Esto te asegura que recibas el pago! Se necesitan menos de 5 minutos para hacerlo.

Después de eso, ve y toma una taza de café, recuéstate, relájate y controla tus nuevos suscriptores y tu cuenta de ClickBank. ¡Vas a desear haber tenido este sistema cuando recién comenzaste el negocio!

## ¡Es El Inicio De Algo MÁS GRANDE!...

Con todo este asunto de la lista en marcha, no sólo vas a promocionar progresivamente y de forma automática. También estás guardando una base de datos cada vez más grande de suscriptores voluntarios.

¿Y qué significa esto para ti?... Es simple: Si quisieras promocionar un nuevo producto de afiliado que acaba de ser lanzado, o si quisieras crear tu propio producto y lanzarlo al mercado SIN ayuda de otros socios, ¡ahora podrás hacerlo!

¡Estás matando dos pájaros de un solo disparo!

Si quieres una fórmula probada para capturar suscriptores y generar una relación beneficiosa con ellos mientras construyes tu negocio en piloto automático, este sistema ES para TI..

### 'Pero No Te Quedes Con Lo Que Yo Digo, Mira Lo Que Otros Piensan...'

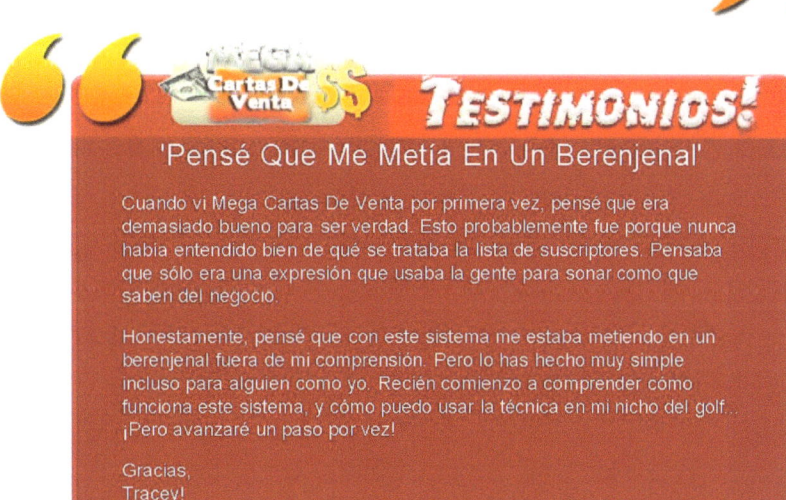

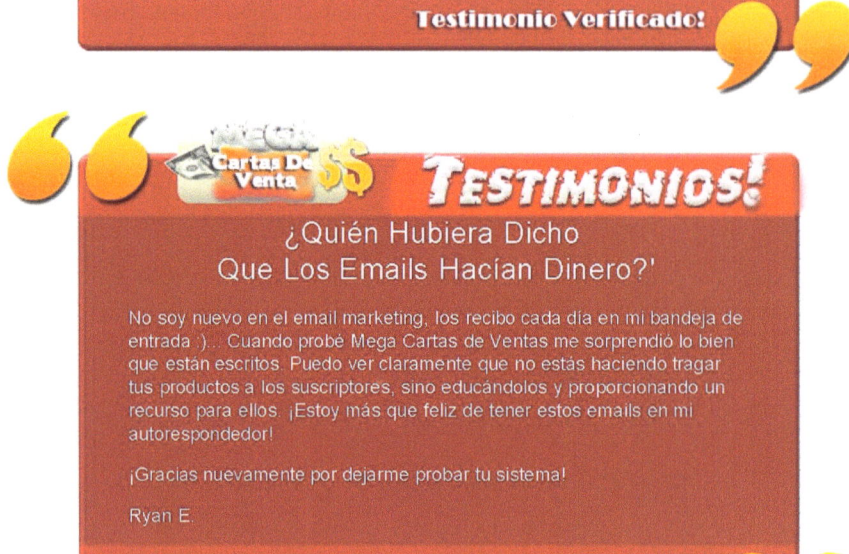

## '¿Hay Algún Requisito Especial?'

Como con la mayoría de los emprendimientos en línea, vas a necesitar tu propio servicio de hosting y una cuenta de AutoResponder. Los costes son mínimos, si sigues nuestras instrucciones vas a recuperar tu dinero y mucho más.

Asimismo, si no tienes una cuenta de Autoresponder pero quieres usar nuestros emails y cargarlos en tu sistema, iremos un paso más allá y te daremos todos los emails en formato Word .doc, todos numerados y organizados en orden para que sigas una secuencia lógica.

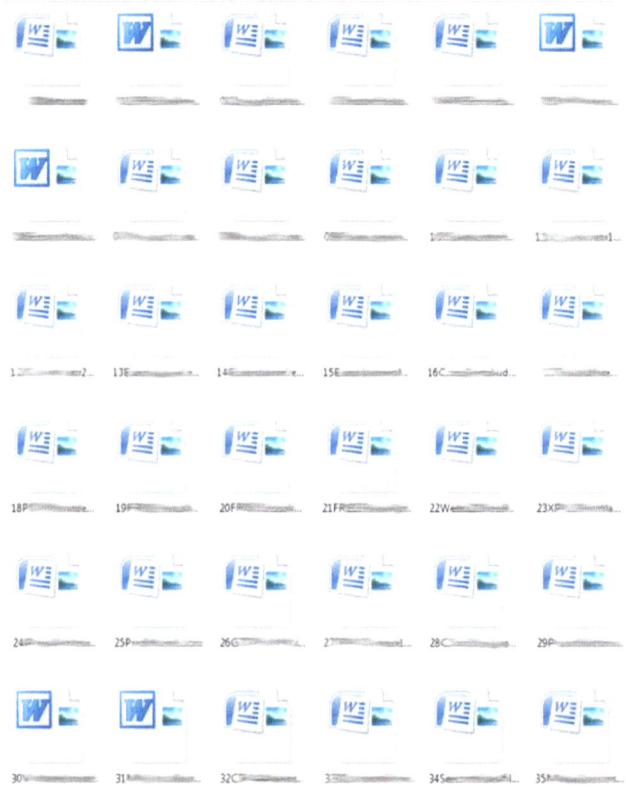

## 'Perfecto, Suena Bien Pero...
## ¿Cuánto Me Costará Mega Cartas De Venta ?'

**Probablemente te preocupa** que Mega Cartas De Venta tenga un **precio súper elevado** pero no tienes nada de qué preocuparte. Como ya sabes, yo siempre me esfuerzo para darte el máximo valor en cada oferta que te presento, y esta vez será igual.

Si bien este sistema podría venderse fácilmente como una membresía de $97/mes, no voy a ir por ese camino. Creo sinceramente que alguien que se involucra con el marketing en línea debe ser llevado a cierto nivel de conocimientos; y de esa forma todos podemos beneficiarnos entre nosotros.

**Incluso si marcara un precio de $77**, habría una buena cantidad de marketers que lo comprarían sin remordimiento porque pueden ver el valor real de lo que estoy dando, y saben que pueden hacer mucho dinero sólo con la secuencia de autorespondedor.

**Sin embargo, necesito asegurarme de que TODOS pueden pagar por esto**, SIN atraer a los cazadores de ofertas y regalos gratuitos que abusarán de este sistema. Así que para mantener las cosas en un feliz equilibrio, podrás llevarte Mega Cartas De Venta por el increíblemente bajo precio de ~~$47~~ $37. ¡Sí, así es!

## Precio Final Solo ~~$97~~ $37!

✔ Sólo $37 para recibir ==emails de máxima calidad== escritos para ti.

✔ $37 para tener emails ==construyendo un vínculo automáticamente,== para ti.

✔ $37 para tener una ==secuencia de email== que es lógica y que funciona.

✔ $37 para ==promocionar productos== que se venden de verdad.

✔ $37 para tener una ==página de captura con un diseño especial== (con elección de plantillas) que fueron probadas ¡y generan miles de registros!

✔ $37 para ==ahorrarte el trabajo de experimentar== ¡y no obtener ningún resultado real!

✔ $37 para tener ==la más absoluta tranquilidad== de que no tienes que lidiar con los aspectos técnicos por tu cuenta, sin nadie que te ayude excepto dos o tres personas que tienen tiempo en los foros.

✔ $37 para que puedas ==ganar comisiones tan altas como $75 por venta== por un solo producto, ¡además de pagos recurrentes!!

✔ $37 para tener ==un futuro completamente asegurado== y campañas CONTINUAMENTE actualizadas, ¡y tener emails escritos para ti por el resto de tu vida!

## ¿No Te Parece Que ~~$97~~ $37 No Es Nada
## Comparado Con El Fastidio Por El Que Tendrías Que Pasar?

- **No tendrás que diseñar una página de captura**
- **No tendrás que preparar un regalo de suscripción**
- **No tendrás que gastar horas escribiendo emails**
- **No tendrás que pasar días, semanas o incluso años probando tu campaña de emails**
- **No tendrás que contratar un redactor para que escriba tus emails**
- **No tendrás que contratar un diseñador para que haga tu página de captura de alto impacto**
- **No tendrás que poner tanto esfuerzo por tan poco beneficio**
- Y definitivamente, a la larga te ahorrarás un MONTÓN de frustración

¿Ahora suena mejor?

Precio Regular $97 Hoy $37

## Agregar Al Carro

Agregar Al Carro

### ¡Tu Satisfacción Está Absolutamente GARANTIZADA!
### Déjame Proteger Tu Inversión...

No tengo dudas de que si óbtienes tu copia de Mega cartas De Venta y la pones en uso, vas a ver un **enorme salto hacia arriba en tus ganancias en línea**. Pero también quiero que sepas que tanto tú como tu inversión están resguardados.

**Así que esto es lo que voy a hacer por ti...**

Después de que descargues tu copia de Mega Cartas De Venta, ábrelo y úsalo. No tienes que abandonar tu trabajo ni perder tu vida social. Si no funciona para ti después de 60 días, házmelo saber porque quiero poner tu dinero nuevamente en tu cuenta.

Yo creo en darle a la gente el valor que ellos pagaron, así que si honestamente no sientes que podrías escribir un testimonio de éxito después de 60 días, quiero regresarte tu dinero. Y francamente, soy una persona de palabra, si no pudiste ponerlo en funcionamiento, sólo dímelo y te haré un reembolso.

**¿Qué estás esperando?...** No te pierdas esto que probablemente sea el ÚNICO sistema listo para usar que incluye claves para tu lista de suscriptores, páginas de captura, email marketing en un solo paquete completo y asombroso.

## Formulario De Aceptación Libre De Riesgos

✅ **¡SÍ Mr. Y!** Quiero mi copia de Mega Cartas De Venta, así podré comenzar a construir mi lista, llenar mi autorespondedor con emails ya escritos que no sólo afianzarán la confianza con mis suscriptores, ¡sino que también me harán ganar dinero!

✅ **También comprendo que estoy completamente respaldado por una <mark>garantía de 60 días!</mark>** Si NO tengo ningún resultado al usar este sistema, o si no veo que avance hacia ningún lado, incluso después de recibir asesoramiento personalizado, sólo tengo que pedir la devolución ¡y seguimos siendo amigos!

✅ **También me doy cuenta de que debido al bajo precio, esta es una oferta por tiempo limitado** que podría ser abusada si estuviera activa mucho tiempo. Por tan solo $97 $37 por el sistema completo, sé que estoy asegurándome un buen negocio ¡y finalmente haré una compra que podrá las cosas en orden para mi!

**Según lo expuesto, aseguro mi orden...**

SCAN

## Llévate AHORA MISMO
## El Sistema Completo De AutoRespondedor Por
## $197 $97! Solo $37!!

Advertencia: Serás automáticamente redirigido a la página de descarga después de finalizar la compra. Haz clic en 'Return To Merchant' o 'Complete My Order' o deja que el sistema te lleve para tener acceso inmediato a tu producto.

### Licencia de los mensajes de Email

[SÍ] Puedo dividir los emails en artículos y breves informes siempre que se utilicen para promocionar el producto correspondiente.
[NO] Puedo vender los emails completos o individualmente.
[NO] Puedo modificar los emails para vender otros productos similares. Los emails deben ser utilizados para vender el producto correspondiente para cumplir con las regulaciones FTC.

*Héster Y.*

Cualquier duda o sugerencia escríbeme a:
admin@ganadineroconmry.com

**P.D.** La construcción de listas y el email marketing ya no tienen por qué ser un tema exclusivo e inalcanzable. Ahora podrás formar parte del grupo de los 'gurús' y tener tu propia herramienta hiperactiva que continuará asegurando tu ingreso en línea por muchos años!

**P.P.D.** No todos los días llega una oportunidad como esta, pero cuando lo hace, tienes que ser decidido y tomar acción. Una vez que comienzas a usar Mega Cartas De Ventas, ¡vas a sentir nivel completamente nuevo de satisfacción y logro que te cargará de energía vital para tener aún más éxito!

SCAN

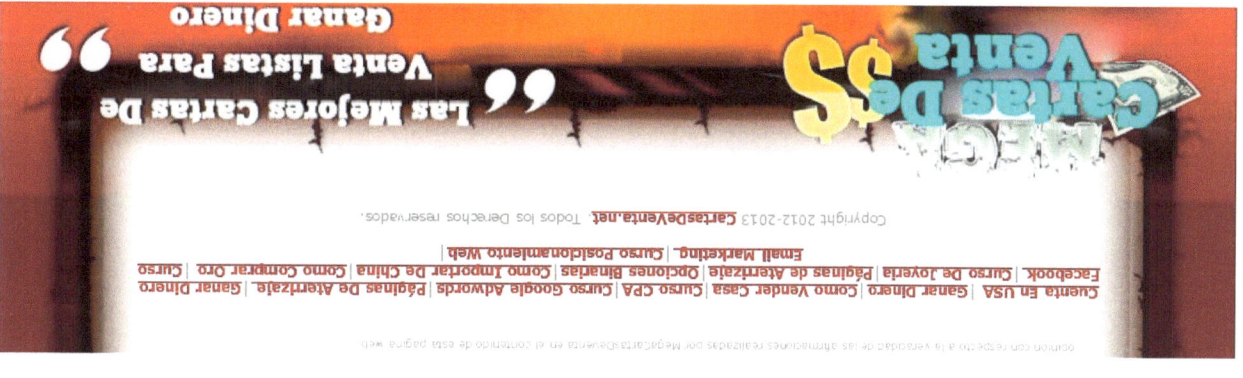

## "Como Un Hispano Logra Convertir $4.22 Dólares En $416.76 Desde Internet En Solo 2 Minutos Y Como Repite Esta Cantidad Varias Veces Por Mes..."

### "Descubre La Técnica Que Me Permite Ganar Más De $7.467 Dólares Por Mes... *Y Sin Vender Nada!*"

Lleve **GRATIS** Ahora Mi Reporte Especial:

Jaime A. Reina S

**PARA ACCEDER A MI REPORTE GRATUITO:**

Ingrese su Email y su Nombre en las casillas de abajo para obtener acceso inmediato al reporte donde le revelaré: "Como Ud. Puede Hacer Dinero En 2 Minutos En Internet..."

**Suscribete Ahora!**

Cuando usted se registra GRATIS en mi página
Usted descubrirá:

Nombre:

✅ Como ganar dinero en paises que hablan inglés sin saber una gota de inglés!

✅ Video detallado de una de mis pantallas de ventas en internet

✅ Como despedir a su jefe para siempre en los próximos 6 meses...

✅ La técnica secreta que le permitirá ganar dinero a partir de ahora y en sólo 2 minutos.

✅ Como salir de su aburrido trabajo y quedarse en casa todo el día, haciendo trabajo desde tu casa...

✅ Como hacer lo que usted desee, cuando lo desee y donde lo desee...

✅ Como lograr que su tarjeta de crédito deje de ser su peor enemigo para convertirse en su mayor amigo...

✅ Ganar dinero extra dese su casa y en piloto automatico...

✅ Pagar sus deudas para siempre solo colocando sencillos avisos en el internet desde su computador...

✅ TONELADAS, de mucha más información GRATIS!

Email:

**Quiero Mi Reporte!**

**De doble click para asegurarse en de que recibirá su reporte.

Politica de Privacidad: Al igual que tu odio el SPAM y prometo nunca revelar tu email y nombre a alguién más.

Preguntas? Comentarios? Necesita soporte? escriba a info@GanaDineroEn2Minutos.info
© Copyright 2.010 GanaDineroEn2Minutos.info. Todos Los Derechos Reservados. Bucaramanga - Colombia

"Este sitio y los productos y servicios ofrecidos en este sitio no están asociados, afiliados, endorsados, ni patrocinados por Google, ni tampoco han sido revisados ni certificados por Google. "ClickBank es una marca registrada de Keynetics Inc., una corporación de Delaware. GanaDineroEn2Minutos.info no está afiliada con Keynetics Inc. de ninguna manera, ni Keynetics Inc. patrocina ni aprueba los productos de GanaDineroEn2Minutos.info . Keynetics Inc. no expresa ninguna opinión en cuanto a la exactitud de ninguna de las declaraciones de GanaDineroEn2Minutos.info sobre el contenido de esta página web.

# GANA DINERO CON MR. Y

# MIS GUÍAS

Ganar Dinero Con Mr. Y - El Club

**Mega Cartas De Venta**

**Tube Trafico**

# Abre Tus Cuentas Extranjeras Y Paypal Verificado

CPA Con FACEBOOK

**Ganar Dinero Con YouTube**

# Como Resolver La Limitación Y Congelamiento De Fondos en PayPal

# Tarjeta De Crédito Virtual

## Páginas De Aterrizaje

## Páginas De Aterrizaje CPA

## Curso Posicionamiento Web

[Como Comprar Oro](#)

Graficos Web

[Ganar Dinero Con Youtube](#)

[Opciones Binarias](#)

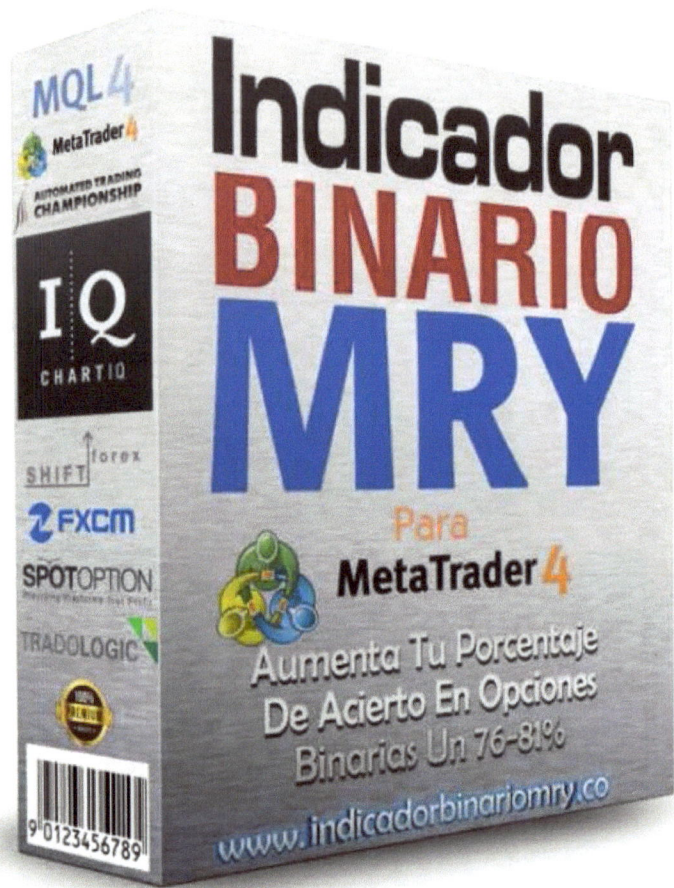

**Indicador De Opciones Binarias**

**Muchos de nuestros miembros ya trabajan desde la comodidad de su hogar ganando entre 50 y 250 dólares al día o el equivalente en su moneda local. ¿Serás tú quien siga?**

¡Traducciones Disponibles Para El Mundo Entero, Incluyendo Para Quienes Residan En Colombia!

**Testimonios:**

*Desde que me uni a "Gana Dinero En Pijamas" mi vida ha cambiado. Ahora trabajo con personas de distintas partes del mundo haciendo traducciones día a día... y todo desde mi dormitorio. Me encanta poder levantarme tarde por las mañanas, prepararme un café y ganar algo de dinero traduciendo mientras todavía estoy en pijamas.*

*Joaquín Mendoza*
*Mexico*

*Nunca pensé que mis conocimientos a nivel intermedio de inglés podían reportarme tantos ingresos. Gracias a los trabajos de traducción que conseguí luego de*

En este preciso instante, descubrirás una actividad **altamente lucrativa** que podrás desarrollar desde la comodidad de tu hogar o desde *cualquier lugar del mundo*, usando tan solo tu computadora, una conexión a Internet y los conocimientos de inglés (u otro idioma además del español) que ya tienes.

Y sobre todo, podrás entender mejor porque en este momento hay cientos de compañías buscándote de manera DESESPERADA para que traduzcas textos sencillos para ellas del inglés al español.

¿De qué se trata esto?

A medida que el mundo se ha vuelto un lugar más globalizado, muchas compañías y personas que producen contenidos en inglés buscan también llegar al público de habla hispana.

De esta manera expanden su mercado y ganancias.

Tal vez ya has visto que existen versiones en español de sitios como Google, Facebook, Yahoo y muchos otros.

Esta misma tendencia de traducir contenidos al español se está repitiendo en miles y miles de otras compañías y personas.

Y es así que finalmente están buscando a personas como TÚ, *sin necesidad que tengan experiencia previa como traductores.*

Y a pesar de que la demanda de traductores se ha convertido en algo colosal, gran parte de las personas no tiene ni idea de cómo comenzar a trabajar en esto y sacar provecho de esta gran tendencia.

Y por otro lado, gran parte de compañías pueden mostrarse algo reacias a contratarte si es que no cuentas con una presentación adecuada.

Es así como nace "Gana Dinero En Pijamas" para resolver este problema: **Podrás acceder a cientos de ofertas de trabajos de traducción que podrás desarrollar desde la comodidad de tu hogar.**

## PODRÁS GENERAR INGRESOS POR...

- TRADUCIR DOCUMENTOS SENCILLOS
- TRADUCIR EMAILS
- TRADUCIR SITIOS WEB
- TRADUCIR LIBROS ELECTRÓNICOS
- TRADUCIR CONVERSACIONES DE CHAT
- ¡Y MUCHO MÁS!

## ¡MIRA LO QUE OTROS YA GANAN!

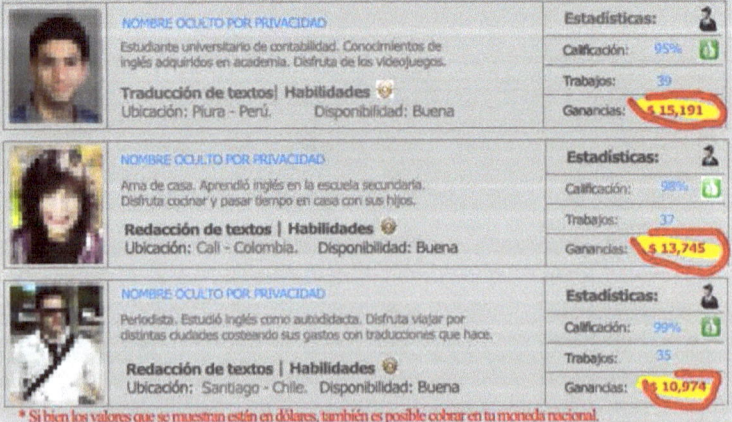

\* Si bien los valores que se muestran están en dólares, también es posible cobrar en tu moneda nacional.

## ¿TU INGLÉS NO ES PERFECTO? NO IMPORTA

Una vez que seas miembro de Gana Dinero En Pijamas, podrás acceder a herramientas gratuitas que te ayudarán a traducir textos de inglés a español.

---

unirme a Gana Dinero En Pijamas, puedo decir que gano más que un Economista o Abogado en mi país. Me hubiera gustado haber encontrado esto hace mucho tiempo.

*Karina Tagle*
*Argentina*

*Lo que más disfruto traduciendo desde casa es que puedo pasar más tiempo con mi hijo. Es la mayor satisfacción que puedo obtener ya que antes trabajaba 10 horas en una oficina y al regresar a casa lo veía poco tiempo. Gana Dinero En Pijamas ha cambiado totalmente mi estilo de vida. ¡Gracias!*

*Ana Bermudez*
*Perú*

Estas herramientas te ayudarán a traducir palabras que tal vez no conozcas, así como también te ayudarán a corregir tu gramática y puntuación... **¡Todo automáticamente!**

## ¡ES MUY SIMPLE! FUNCIONA ASÍ...

En el área exclusiva de miembros serás guiado paso a paso por el recorrido que tienes que seguir para comenzar a trabajar traduciendo documentos desde casa. Básicamente se trata de esto:

- ✓ Luego de que te inscribas, recibirás automáticamente una contraseña para acceder al área segura de miembros cada vez que lo desees.
- ✓ Tendrás acceso a un entrenamiento e instrucciones sencillas para que comiences a trabajar como traductor independiente desde casa.
- ✓ Luego, tendrás acceso a cientos de ofertas disponibles de trabajo como traductor.
- ✓ Cada vez que termines un trabajo, se te enviará un pago por Paypal, Western Union, cheque o transferencia bancaria.

## ¡EJEMPLOS DE TRABAJOS DISPONIBLES!

**Traducción de 25 perfiles de Facebook**
Estamos buscando a alguien disponible para traducir del inglés al español 25 perfiles de Facebook.
Pago: US$ 60.
Tiempo de entrega: 4 días.

**Traducción de libro electrónico sobre relaciones de pareja**
Buscamos a alguien que pueda traducir un libro electrónico que trata sobre cómo superar problemas de pareja. El libro tiene 52 páginas y deberá ser traducido de inglés a español.
Pago: US$ 950.
Tiempo de entrega: 3 semanas.

**Traducción de artículos sobre destinos turísticos en Londres**
Quisiéramos a alguien que traduzca 18 artículos sobre destinos turísticos en Londres. Somos una agencia de viajes y dichos artículos serán colocados en nuestro blog.
Pago: US$ 150.
Tiempo de entrega: 6 días.

**Traducción de emails promocionales**
Estamos por lanzar una campaña de email marketing y necesitamos a alguien que traduzca 5 emails de inglés a español. En total son 2613 palabras.
Pago: US$ 70.
Tiempo de entrega: 3 días.

Estos anuncios son algunos ejemplos. Podrás encontrar muchas ofertas similares una vez que te inscribas.

## UNA MUESTRA DE LO QUE OBTENDRÁS

documentos sencillos al español:

Podrás tener acceso a todo dentro del área de miembros una vez que formes parte de nuestro grupo de traductores independientes.

## Imagina...

Primero, te levantas sin apuro y sin presiones, totalmente relajada luego de una buena noche de descanso.

Luego, mientras aún sigues en tus pijamas, traduces unos cuantos textos, que seguramente te tomarán un par de horas en terminar.

Después, decides pasar el resto del día jugando con tus niños en casa, o ir a pasear a un centro comercial para hacer compras, o simplemente pasar buenos momentos con la familia o amigos.

Luego, llegada la noche, decides sentarte en el computador un par de horas más para terminar de traducir los trabajos que tenías pendientes y enviarlos.

Al día siguiente te levantas de tu cama, enciendes tu computadora… **¡Y ves que te han enviado 150 dólares por el trabajo de traducción que hiciste el día anterior!**

Desde luego, esa cantidad es hipotética. Podrías ganar menos que eso, **o bien podrías ganar más**.

Eso es una realidad que hoy en día viven algunas personas… *siempre y cuando sigan los pasos correctos*.

Y ahora tú podrías unirte y formar parte de nuestro club de emprendedores.

Sin embargo, no todo el mundo está en condiciones de vivir este estilo de vida y formar parte de esto.

Para ser parte del grupo de emprendedores que ya ganamos dinero traduciendo en Internet, tendrás que cumplir con los siguientes requisitos:

- ✔ Saber hablar y escribir en español. Si has terminado la escuela secundaria, entonces estás apto.
- ✔ Entender el idioma inglés u otro idioma que no sea español.
- ✔ Ser mayor de 18 años.
- ✔ Tener acceso a una computadora con conexión a Internet.
- ✔ Poder seguir instrucciones sencillas.
- ✔ Poder completar los trabajos de traducción que te asignen.

Si cumples con esos requisitos, entonces estás más que calificado. Puedes unirte a nosotros… **¡Y comenzar desde ya!**

## ¿Cuánto cuesta tener acceso y formar parte de "Gana Dinero En Pijamas"?

Primero, queremos dejar claro que *esto es real*.

Trabajar ofreciendo un servicio y ser pagado por ello, es un modelo de trabajo legítimo que ha funcionado prácticamente desde el principio de la civilización humana.

Esto no supone ninguna promesa de "hacerse millonario rápido y fácil sin esfuerzo".

De hecho, tendrás que poner algo de esfuerzo de tu parte para que este negocio funcione en un inicio.

Sin embargo, una vez que arranques, tan solo puede tomarte unas horas al día para tener este negocio corriendo en Internet y generando ingresos.

Y en esas horas, fácilmente podrías generar hasta unos 3000 dólares al mes, mientras estás en la comodidad de tu hogar, sin lidiar con jefes molestos, sin la presión de levantarte temprano por las mañanas, ni afrontar otro tipo de situaciones incómodas.

Ahora, imagínate que tratas esto como si fuera un trabajo "convencional" y trabajaras ocho horas al día, de Lunes a Viernes a lo largo de las siguientes semanas.

Entonces trabajarías 40 horas a la semana.

Con esa cantidad de horas trabajadas, incluso tendrías el potencial de duplicar tus ganancias a unos 6000 dólares mensuales.

Ten en cuenta de que esas cifras son hipotéticas.

Podrías ganar menos que eso, o podrías ganar más.

Tenemos miembros que viven cómodamente trabajando un par de horas al día y disfrutan de su tiempo libre.

Y tenemos otros que prefieren trabajar más horas para ganar más, puesto que tienen mayores responsabilidades como deudas, hipoteca, hijos, etc.

Pero la pregunta es… *¿Cuánto pagarías por ganar cifras como esa?*

Muchos miembros actuales, luego de unirse, nos han dicho que complacidamente hubieran pagado US$ 397 por su inscripción.

¿Por qué?

Porque no solo recuperaron lo que invirtieron, sino que lograron ganar mucho más.

Sin embargo, en esta oportunidad no tendrás que pagar esa cantidad.

Ni siquiera la mitad.

Ni la mitad de la mitad.

Podrás tener la oportunidad de formar parte de nosotros **por tan solo USD 77 (o el equivalente en tu moneda nacional)**.

Esta suma representa una cifra muy baja en comparación al potencial de ganancias que puedes obtener.

Sin embargo, queremos dejar esto claro: Tenemos cupos altamente limitados… y una vez que se acaben, cerraremos las puertas y aumentaremos el precio de inscripción a USD 177.

No estaremos aquí para toda la vida, así que si ya decidiste ingresar, lo mejor es que lo hagas en este momento por medio del siguiente botón antes de que alguien más ocupe tu lugar:

Pero eso no es todo…

Si estás entre las siguientes personas que tomen acción rápidamente y ordenen, entonces **también podrás acceder a los siguientes obsequios:**

## Obsequio #1:

### Gana Dinero Hablando en Español

Valor: ~~USD 97~~. GRATIS para ti.

¿Sabías que hay cientos de miles de personas alrededor del mundo intentando aprender a hablar en español? Muchas de ellas están buscando a hispanohablantes nativos con los cuales poder practicar nuestro idioma por medio del Internet.

Y están dispuestos a pagar muy bien solamente por conversar contigo de temas coloquiales.

Esta es una de las maneras MÁS DIVERTIDAS de ganar dinero en Internet desde casa, puesto que conoces gente nueva de todo el mundo, haces nuevos amigos, les hablas de cosas que te apasionan y encima... eres muy bien remunerado por hacer eso.

Cada vez que quieras algo de dinero extra, solo aplica nuestro sistema para ganar dinero hablando en Español y ¡Listo! Serás recompensado.

## Obsequio #2:

### Plantillas generadoras de dinero

Valor: ~~USD 77~~. GRATIS PARA TI

Estas son plantillas ya hechas y listas para ser usadas por ti de tal modo que puedas captar con mucho mayor facilidad clientes dispuestos a enviarte dinero por las traducciones que hagas. Hemos creado esto para que no inviertas mucho tiempo en el proceso de planear lo que tienes que decir. Solamente tienes que "llenar en las casillas en blanco" de las plantillas y todo el duro trabajo estará hecho.

Podrás ahorrar muchas horas en esta etapa y de esta manera agilizar el proceso de que las ganancias lleguen más rápido.

## Obsequio #3:

### Gana Dinero Traduciendo Páginas Web

Valor: ~~USD 77~~. GRATIS PARA TI

Si bien este tema es abordado en el área principal de miembros de Gana Dinero En Pijamas, lo que hacemos aquí es ahondar mucho más en este tema. Existe una altísima demanda en la traducción de páginas web hacia el español. Y aquí te enseñaremos todavía más a sacar mayor provecho de esta tendencia mundial.

## Obsequio #4:

### Retira Tus Ganancias En Cajeros Automáticos

Valor: ~~USD 77~~. GRATIS PARA TI

Este obsequio te permitirá recibir directamente en tu domicilio una tarjeta de débito internacional completamente GRATIS, de tal modo que puedas retirar las ganancias que vayas acumulando desde cualquier cajero automático que acepte tarjetas Mastercard. No importa en qué lugar del mundo te encuentres. Solo inserta la tarjeta en el cajero automático y retira las ganancias de traducciones que hayas obtenido.

## Obsequio #5:

### Actualizaciones de por vida

Valor: INVALUABLE.

Así es, como una miembro de Gana Dinero En Pijamas, tendrás acceso a las actualizaciones futuras que se hagan de nuestro programa

Podrás tener acceso, sin costo alguno, a todas las actualizaciones que se hagan en el futuro.

Y a pesar de todo lo que has leído, es posible que en este momento todavía tengas dudas o miedos… y pienses que es un "riesgo" invertir en ti USD 77.

Es por eso que hemos decidido que tú no corras ningún riesgo y garantizar tu éxito con nuestra…

### Garantía Incondicional 100% Libre De Riesgos

Así es, inscríbete en este momento y pon a prueba lo que encontrarás dentro de "Gana Dinero En Tus Pijamas". Tienes 8 semanas para hacerlo.

Sigue las instrucciones tal y como se muestran y estamos seguros que obtendrás resultados positivos

Sin embargo, si luego de haber tomado acción y haber puesto

de tu parte para que esto funcione, no consigues resultados positivos, tan solo envíanos un email solicitando un reembolso… y tus USD 77 serán devueltos.

Así de seguros estamos de la rentabilidad de Gana Dinero En Pijamas. Estamos decididos que cualquier persona que no consiga ganancias luego de haber implementado lo que encontrará en el área de miembros, obtenga de vuelta la totalidad de su dinero.

Por lo que estamos asumiendo todos los riesgos, así que puedes probar esto por 56 días. En el caso de que luego de aplicar lo que aprenderás tal y como se explica, no llegues a conseguir resultados positivos, entonces recibirás la totalidad de tu dinero. Punto.

Solo envíanos un email mostrando dónde pusiste en práctica lo que aprendiste sin obtener ningún resultado y te enviaremos de regreso el 100% de lo que invertiste.

Y dicho eso, tienes el camino libre de riesgos para empezar de una vez a comenzar a trabajar desde la comodidad de tu hogar.

Y puedes hacerlo antes de que se acaben los cupos y se cierren las puertas… y perder esta oportunidad única que podría cambiar tu vida… PARA SIEMPRE.

Es momento de tomar acción mediante el siguiente botón:

Una vez que te inscribas, recibirás instantáneamente en tu email tu contraseña con la cual podrás acceder al área exclusiva de miembros.

Y recuerda que solamente por un periodo muy reducido de tiempo, podrás formar parte de esto.

Porque una vez que los cupos se agoten, lo más probable es que en lugar de esta página, encuentres otra donde haya un anuncio de "Cupos Agotados".

Y si eso sucede, lamentablemente ya no tendrás posibilidades de acceder, bajo ningún motivo.

Recuerda. Si volvemos a abrir las puertas en el futuro, costará USD 177, así que procura no quedarte fuera.

# Preguntas Frecuentes

**1) No tengo tarjeta de débito, crédito ni Paypal. ¿Aceptan pagos por Westen Union?**

Si, puedes acceder a las instrucciones haciendo click aquí.

**2) ¿No pueden descontar el pago de inscripción de los primeros trabajos que entregue? ¿Puedo pagar después? ¿Pueden hacer una excepción conmigo y darme acceso sin tener que pagar?**

Desafortunadamente no podemos descontar el pago de inscripción de tus ganancias, puesto que nosotros no somos quienes te enviaríamos los pagos. Los que te envían los pagos son quienes te contratan para que hagas los trabajos de traducción para ellos.

Así, no hay manera que nosotros podamos descontar directamente de tu inscripción.

Por lo general, quienes se inscriben a GanaDineroEnPijamas.com, recuperan su inversión rápidamente luego de poner en práctica lo que aprenden en el entrenamiento que ofrecemos.

Existe una gran cantidad de ofertas de trabajos de traducción y nosotros te mostraremos cómo acceder a ellas y cómo rentabilizar al máximo esta actividad para que puedas obtener ingresos cuanto antes.

Por otro lado, si consideras el potencial de lo que podrías ganar invirtiendo en Gana Dinero En Pijamas, cosas tales como…

- Una vida libre de trabajos con horario y jefes molestos.
- Estar en condiciones de tener tanto tiempo como quieras con tu familia y amigos.
- El gusto de traer regalos a tu hogar y ver felicidad en el rostro de tus familiares…
- Tener el placer de llevar a tus amigos y familia a cenar, y ser capaz de pagar la cuenta, en lugar de sentirte tímido y preguntar quién es el que va a pagar, o como se van a dividir la cuenta.
- Eventualmente, estar en posición de hacer y comprar lo que quieras.
- Pero por sobre todas las cosas…. tener el control de tu propia vida.

Considerando cualquier cosa de las anteriores que potencialmente puedes ganar… *el precio de inscripción de Gana Dinero En Pijamas es PRACTICAMENTE NADA.*

**3) ¿Por qué se tiene que realizar un pago de inscripción?**

Porque hemos invertido dinero y tiempo para crear el mejor entrenamiento para ganar dinero traduciendo desde casa que existe y al cual podrás tener acceso.

Por otro lado, tenemos gastos de mantenimiento y de alojamiento de nuestro sitio.

Además, la inversión de la inscripción es para "filtrar" a las personas que solo buscan curiosear. De esta manera, solo obtenemos miembros serios que están comprometidos con su éxito y realmente buscan ganar dinero desde casa invirtiendo en sí mismos.

**4) Ya he tenido malas experiencias en el pasado con sitios relacionados a ganar dinero respondiendo encuestas, ganar dinero por hacer clicks, por navegar, apostando y cosas similares. ¿Esto es más de lo mismo?**

Esto es un trabajo real y distinto a todo lo que has visto antes. Gana Dinero En Pijamas es un programa que te permite trabajar siguiendo un procedimiento siempre ha funcionado a lo largo de la historia de la humanidad: Realizas un trabajo para alguien más y luego eres pagado por ello.

La diferencia es que ahora puedes hacerlo mediante Internet.

Te invitamos a que leas nuevamente nuestro sitio: Esto tiene que ver específicamente con realizar traducciones de textos sencillos desde casa y obtener un pago a cambio.

Y si tú también quieres formar parte de esta tendencia mundial y formar parte de esto, puedes unirte en este instante.

**5) ¿Es seguro dar el número de mi tarjeta de crédito en línea? ¿Cómo sé que esto no es una estafa?**

Si es muy seguro sobre todo porque nosotros usamos como medio de pago ClickBank: una compañía líder en la venta de productos digitales, tiene un cifrado de 128 bits lo que da una gran cantidad de seguridad a su transacción bancaria. Cuenta con cientos de miles de usuarios alrededor del mundo y está establecida desde hace más de una década.

Como comparación podemos decir que es mucho más seguro que dar su tarjeta de crédito a un empleado en un restaurante porque él podrá ver el número de tarjeta, la fecha de vencimiento, el nombre de titular y en general todos los datos que pueda necesitar para usarla a su antojo.

En cambio, ni el servicio que usamos para colectar pagos ni tampoco nosotros podemos conocer esa información puesto que está cifrada para evitarlo.

Debemos Señalar que: Nosotros no guardamos los datos de ninguna tarjeta de crédito o números de cuentas bancarias.

Lo único que mantenemos es su nombre, dirección de correo electrónico, el tipo de tarjeta que utilizó y el país de origen.

Podrás ver en el formulario de pagos los sellos de seguridad de entidades independientes que garantizan la seguridad de la transacción.

Si esto fuera una "estafa", entonces simplemente no podríamos usar el servicio de Clickbank para colectar pagos y ya habríamos salido del mercado desde hace mucho tiempo.

**6) ¿Cómo voy a recibir mis pagos?**

Puedes recibir tus pagos por Paypal, Western Union, Cheque o depósito bancario, aunque esto dependerá de la compañía con la cuál trabajes.

De hecho, te mostraremos cómo abrir desde tu casa una cuenta bancaria en EEUU. Te enviarán una tarjeta de débito la cual podrás usar para retirar dinero desde cajeros automáticos de cualquier lugar del mundo.

### 7) ¿Cuánto tardaré en obtener ganancias?

Ni bien entregues los textos que tendrás por traducir, puedes comenzar a obtener tus ganancias. Podrías comenzar a tener el dinero en tu poder mañana mismo.

### 8. ¿Ustedes me van a contratar directamente?

No. Lo que obtienes es todo el entrenamiento completo que necesitas para comenzar a generar ingresos traduciendo textos sencillos cuanto antes. Podrás tener acceso a una gran cantidad de ofertas de personas y compañías que en este momento están buscando a otros para que traduzcan para ellas.

### 9) ¿De verdad esto es real? ¿En serio puede funcionar para mí?

Esto es MUY real. Sin embargo, queremos dejar claro lo siguiente: Gana Dinero En Pijamas no es para todo el mundo.

Si eres una de esas personas que ingresa a este tipo de programas para nunca sacar provecho de ellos... o si eres del tipo de personas que se rinden al primer obstáculo que se les presenta, en lugar de TOMAR ACCIÓN y HACER ALGO... entonces esto NO es para ti.

Esto solo funcionará para ti si pones en práctica lo que aprenderás en el entrenamiento y tomas responsabilidad personal por tu propio éxito.

El solo acto de inscribirte no va a garantizar tu éxito.

Pero si te **comprometes seriamente** a ganar dinero en Internet desde casa, y estás dispuesto a esforzarte siguiendo las instrucciones, entonces honestamente creo que puedes ganar tanto dinero como quieras.

Y si lo haces, garantizo que vas a encontrar al menos 1 porción de información tan valiosa, que por lo menos valga 10 veces más de lo que pagaste.

### 10) ¿Cuánto dinero voy a poder ganar?

Con Gana Dinero En Pijamas no hay límites, porque es un programa de gran flexibilidad.

Solo por poner un ejemplo, uno de nuestros miembros nos reportó haber ganado 370 dólares tan solo 48 horas después de haberse inscrito. Y ese fue tan solo uno de los miembros.

Desde luego, esto es un ejemplo extremo. La persona promedio que sigue el entrenamiento y no deja de insistir ni se saltea ninguna parte, puede llegar a ganar unos USD 500 en su primer mes, trabajando algunas horas.

Y si lo comparamos con un "trabajo tradicional" (como por ejemplo, una recepcionista, una secretaria, un trabajador de almacén, un vendedor de tienda, etc.) en donde tienes pasar largas horas en el trabajo, tolerar a un jefe, estar lejos de la familia, levantarte a las 6:00 am sin poder trabajar en pijamas... entonces piensa en las grandes ventajas que representa esto.

Tenemos otro miembro (mujer), que reportó haber ganado 3600 dólares en sus primeros meses luego de haberse unido a Gana Dinero En Pijamas. Y ella solo tiene 18 años.

Llevaba clases de inglés en una academia y paralelamente estudiaba en la universidad. Sin embargo, abandonó la universidad para dedicarse a tiempo completo a traducir textos desde casa.

Pero hay que tener claro esto: No afirmamos que tu vayas a ganar esa misma cantidad de dinero. Podrías ganar más que eso o podrías ganar menos. Dependerá mucho de capacidad de aprendizaje y qué tan rápido trabajes. Esa es la realidad.

Esto no es uno de esos engaños de "Hagase millonario rápido" o "haga mucho dinero rápido sin ningún esfuerzo". De hecho, tendrás que poner algo de esfuerzo para hacer esto funcionar.

La persona promedio que no estudia el entrenamiento, no pone en práctica nada o solo quiere curiosear de manera superficial y luego abandona todo prematuramente sin poner ningún esfuerzo de su parte, no gana dinero.

Lo cual no es ninguna sorpresa.

Es como como ir a dar un examen final en la escuela sin estar en lo más mínimo preparado, y a la vez esperando obtener los mejores resultados. Es absurdo esperar grandes resultados sin haber puesto el esfuerzo necesario para conseguirlos.

Así que dicho nuevamente: Si no pones algo de esfuerzo de tu parte... si no tienes iniciativa y eres de los que esperan que las cosas le caigan del cielo. Si eres de los que se rinden ante la primera dificultad que se les atraviesa... o si piensas hacer funcionar este entrenamiento a tu manera, salteándote lo que aprenderás dentro, entonces lo más probable es que no ganes dinero.

Pero también déjame decirte lo siguiente: El potencial que tiene esto es ENORME... y es muy, muy real. Si incursionas en esto tal como se explica, DEFINITIVAMENTE es posible que reemplaces tu trabajo actual con este negocio y hagas de esto una fuente de ingresos a tiempo completo.

### 11) Si ya existe software de traducción online gratuitos ¿Por qué otros estarían dispuestos a pagar a personas para que traduzcan para ellas?

Porque cometen muchos errores. Muchas personas que tienen textos en inglés y otros idiomas y quieren traducirlos al español, no usan software online puesto que al usarlos, se presentan una gran cantidad de errores de sentido. Y publicar textos en la web traducidos por software, arruina la reputación de los autores. Nadie quiere publicar un texto bajo su autoría con multiples errores. Por eso prefieren contratar a personas que puedan traducir los textos.

### 12) ¿Qué pasa si me uno a Gana Dinero En Pijamas y al final no gano dinero?

Si sigues las instrucciones del entrenamiento, haces un esfuerzo **honesto y real**, y persistes, entonces hay un 99.9% de posibilidades de que ganes dinero.

Es inevitable que una persona que realmente tenga la DETERMINACIÓN de ganar dinero, llegue a ganar dinero, ya sea en un corto o largo plazo, en cualquier negocio o emprendimiento.

*PERO, en cualquier caso… para tu mayor tranquilidad tienes esta alternativa:*

Estamos tan convencidos que Gana Dinero En Pijamas funcionará para tí, que vamos a dejar que lo pruebes durante **8 semanas**.

Inscríbete y aplica lo que aprenderás, día a día, por 8 semanas.

Y si al final de esas 8 semanas, no estás satisfecho como resultado de haber aplicado Gana Dinero En Pijamas, entonces solicítanos un reembolso. Y tu dinero será devuelto al 100%.

Tan solo indícanos dónde y cómo pusiste en práctica el entrenamiento.

*NOTA:* La condición aquí es que **IMPLEMENTES** el entrenamiento y pongas honestamente de tu parte para que funcione. De esta manera, podremos ver que fuiste una persona seria e hiciste un legítimo esfuerzo por tu parte para que esto funcione para ti.

Y si de verdad lo intentaste y muestras con honestidad que fuiste una persona seria sobre poner el entrenamiento en práctica, pero por alguna razón no llegaste a ganar dinero, entonces con mucho gusto tu dinero será devuelto.

Tan solo envía un email a:

info@ganadineroenpijamas.com

**13) Vivo en Venezuela y tengo problemas para ordenar haciendo uso de dólares. ¿Ofrecen alguna solución para mi?**

Si. Tan solo escribenos a nuestro email para que te enviemos las instrucciones.

Haz click en el botón de abajo para inscribirte y comenzar a ganar dinero desde la comodidad de tu hogar:

ClickBank es un comerciante minorista de este producto. CLICKBANK® es una marca registrada de la Corporación Click Sales, una sociedad Delaware, previa autorización. Dicha corporación se encuentra en la calle Lusk Sur No. 917, Suite 200, Boise Idaho, 83706, EUA. La fundación de ClickBank como comerciante minorista no constituye respaldo, aval o verificación de este producto o de cualquier testimonio promocional u opinión que se utilice en la promoción de este producto.

Contacto | Política de Privacidad | Condiciones de Uso | Afiliados | Miembros

www.ingramcontent.com/pod-product-compliance
Lightning Source LLC
Chambersburg PA
CBHW051101180526
45172CB00002B/725